La primera Confesión

de su hijo

Reconocimientos

Imprimi Potest:
Stephen T. Rehrauer, CSsR, Provincial de la Provincia de Denver Los Redentoristas
Publicado por Libros Liguori, Liguori, Missouri 63057
Para hacer pedidos llame al 800–325–9521.
www.librosliguori.org

Publicado previamente por Publicaciones Redentoristas

Publicado previamente: Mayo de 1993
Edición revisada: Agosto 2014

p ISBN 978–0–7648–2664–1

e ISBN 978–0–7648–7096–5

Nihil Obstat: Rev. William Wilson, Censor Deputatus

Imprimatur: + Rt. Rev. Philip A. Egan BA, STL, PhD

Obispo de Portsmouth, 29 de julio de 2014

El *Nihil Obstat* y el *Imprimatur* declaran oficialmente que un libro o panfleto está libre de error doctrinal o moral. No implican de manera alguna que quienes otorgaron el *Nihil Obstat* y el *Imprimatur* están de acuerdo con los contenidos, las opiniones y afirmaciones expresadas.

Publicaciones Redentoristas
Alphonsus House, Chawton, Hampshire GU34 3HQ
Tel: 01420 88222 Fax: 01420 88805 rpbooks.co.uk
rp@rpbooks.co.uk

A registered charity limited by guarantee
Registered in England 3261721

Printed by Portland Print,
Kettering, NN16 8UN

Contenido

Introducción

La Confesión puede enfocarse de diferentes maneras. Para algunas personas es una manera de renovar y fortalecer su relación con Dios. Para otras, es más bien una mezcla de sentimientos de vergüenza, miedo y timidez. Y, de hecho, es también un tema favorito para chistes dentro y fuera de la Iglesia.

Al prepararse para la primera Confesión de su hijo, es esencial que examinen las diferentes imágenes que tienen de la Confesión y también sobre lo que es realmente el sacramento de la Reconciliación. Tú y tu cónyuge van a tener sus propias impresiones y experiencias de la Confesión, que son un punto de partida muy importante para la preparación de su hijo para recibir el sacramento de la Reconciliación.

Como padres que quieren a su hijo, estarán ansiosos de ayudarlo en este momento especial y, por supuesto, ustedes influyen de manera determinante en la forma en que su hijo entiende el sacramento de la Reconciliación. Deseamos que este libro les ayude a aclarar sus preguntas sobre el sacramento, a darle apoyo a su hijo y a ser creativos durante este período de preparación.

“Ustedes influyen de manera determinante en la forma en que su hijo *entiende el sacramento de la Reconciliación*”

¿Qué piensan de la Confesión?

Todos tenemos ideas, imágenes y experiencias diferentes de la Confesión. Puede que todas se basen en lo que hemos visto u oído, lo que hemos leído —verdadero o falso— o puede que sean imágenes no tan precisas que nos hemos formado de lo que realmente sucede en la Confesión, ¡especialmente a partir de las confesiones de los demás!

Si ustedes son católicos, entonces tendrán sus propios recuerdos de su primera Confesión. Habrán tenido buenas experiencias y probablemente algunas malas también. Es posible que se confiesen regularmente o no tanto, ya sea por una razón particular o simplemente porque ya no tienen la costumbre.

Si ustedes no son católicos, la imagen que tengan de la Confesión inevitablemente será de segunda mano. Posiblemente han visto a personas acudir a la Confesión tanto en iglesias católicas, como en películas o programas de televisión. Puede parecerles una actividad difícil de entender. Puede haber algo de incómodo, inquietante o vergonzoso en decirle a otro ser humano, quizás un extraño, las cosas malas que uno ha hecho.

Antes de prepararse para la primera Confesión de su hijo, es importante que aclaren algunas cosas, para sí mismos y entre sí.

Tómense un tiempo para reflexionar en las siguientes preguntas y después compartan sus ideas:

- ¿Qué piensan de la Confesión?
- ¿Se han confesado? Si responden sí, ¿cómo les fue? Si no se han confesado, ¿cómo creen que sería esta experiencia para ustedes?
- ¿Cuál es su **mejor** imagen o experiencia de la Confesión?
- ¿Cuál es su **peor** imagen o experiencia de la Confesión?
- ¿Cuán a menudo se confiesan? ¿Regularmente, una vez al año, nunca?
- Si se confiesan regularmente o una vez al año, ¿pueden explicar por qué?
- Si nunca se confiesan, ¿pueden explicar por qué?

Recuerdos de la Confesión

Es posible que nuestro recuerdo de la Confesión sea agradable y que nos haya dado algo en qué basar nuestra relación con Dios y con nuestra fe.

Podemos tener un recuerdo de la Confesión que sea doloroso y que haya ofuscado nuestra visión y comprensión de este sacramento y de la naturaleza de Dios.

Durante muchos años hemos enfocado este sacramento en la confesión de nuestros pecados. Esto puede darnos una imagen falsa del sacramento, porque este no se centra en lo que hacemos o decimos. Aunque la confesión de los pecados es una parte esencial del sacramento, lo más importante es la reconciliación con Dios y con nuestra comunidad cristiana, cuando nos hemos alejado de ambos.

Los recuerdos tienen una gran fuerza. Habitan en el corazón y en la mente mucho tiempo después de lo ocurrido, pero rara vez conservan íntegras nuestras experiencias del pasado. ¿Por qué no usar esta oportunidad de la primera Confesión de su hijo para renovar, animar y desarrollar su propia comprensión de la verdadera naturaleza de este sacramento como Jesús lo pensó?

¿Qué es la Confesión?

Para entender nuestra humanidad, lo que significa ser humanos realmente, necesitamos fijarnos en Jesucristo. Jesús era Dios verdadero; él fue el Hijo que vivió entre nosotros como un verdadero ser humano. Él era exactamente igual que nosotros en todo: comía igual que nosotros, reía igual que nosotros, amaba igual que nosotros y sufría igual que nosotros.

La única diferencia entre la humanidad de Jesús y la nuestra es que el pecado no tenía cabida en su vida. Jesús nunca pecó. Y la razón por la cual no pecó fue porque era verdaderamente humano. Era totalmente humano de la misma manera en que Dios esperaba que todo hombre y toda mujer lo fuera. Él es el modelo para la humanidad. Jesús nos demuestra lo que es el ser humano total y verdaderamente.

En el sacramento de la Reconciliación, recibimos el amor de Dios y nos acercamos más a él de una manera renovada. Es una forma de responder a la llamada de Jesús para volver a nuestro Padre y ser así plenamente humanos y tener vida en abundancia.

El pecado

El pecado penetra en nuestra vida cuando no somos totalmente humanos. Cada vez que pensamos, decimos o hacemos algo que no es un reflejo de la humanidad de Jesús, somos menos humanos, pecamos. Pero el pecado no acaba ahí, pues muchas de las cosas que hacemos o no hacemos afectan a los demás. El pecado afecta las relaciones, causa división, disminuye la comunicación y todo esto nos separa de los demás, nos cambia y nos causa daño. Hasta exclamamos en casos extremos: "¡es como un animal!" Cuando decimos eso, es verdadero en cierto sentido: esa persona es menos que humana, pero también lo son las que causaron ese cambio, esa separación. Es fácil ver que el pecado daña, no solo a los individuos, sino también a la comunidad.

Divisiones

Durante toda su vida Jesús predicó a toda clase de personas para derribar las barreras que los dividían. Una y otra vez hizo hincapié en que todos somos hijos de Dios, su familia, su Pueblo elegido. Después de su resurrección, su seguidores se reunieron y formaron una comunidad. Se reunieron porque escuchaban la palabra de Jesús y experimentaban su amor operante en la acción del Espíritu Santo en sus vidas. Sabían lo que significaba ser totalmente humano, pero todavía eran muy débiles y se desanimaban con mucha facilidad también.

Ser totalmente humano

Hasta en las primeras narraciones de la Iglesia primitiva podemos leer acerca de las tensiones, los desacuerdos y los rechazos que había en la comunidad de creyentes. Claramente, a pesar de todo lo que habían experimentado, seguían siendo débiles y muchos de ellos, que no eran totalmente humanos, todavía sufrían las heridas que el pecado les había hecho en el pasado.

Nadie se vuelve totalmente humano de la noche a la mañana ni en uno o dos años. Es algo que toma tiempo. Además, necesitamos ayuda en nuestro esfuerzo por llegar a serlo. Como hemos visto, durante su vida en este mundo, Jesús reconoció esto y constantemente ofreció la sanación y la reconciliación a las personas que conoció.

La paz y la reconciliación

Después de su resurrección, Jesús se apareció a sus discípulos y seguidores, y les ofreció, primero que nada, su paz. Cristo vino a ellos cuando todos estaban reunidos, avergonzados por la manera en que lo habían abandonado, temiendo mucho el futuro y con muchas preguntas acerca de su verdadera identidad. Y la primera palabra que les dijo fue "**paz**". El amor irresistible de Dios se derramó sobre todos ellos. Todo lo demás, las palabras de arrepentimiento, de dolor y vergüenza, podía esperar. El punto más importante que Jesús quería comunicarles era que los amaba, que los comprendía y que quería restaurar cualquier aspecto de su relación con él que se hubiera perdido. Jesús continuó diciendo: "**Como el Padre me envió, también yo los envío**". Dicho esto, sopló y les dijo: "**Reciba el Espíritu Santo. A quienes perdonen los pecados, les quedan perdonados; a quienes se los retengan, les quedan retenidos**".

Jesús les pide a sus seguidores que continúen su obra. Para que puedan hacerlo, les promete el don de su Espíritu Santo. El Espíritu Santo estará con ellos para guiarlos, sanarlos y llenarlos del espíritu de reconciliación de Cristo.

Los papás y la Reconciliación

El amor de Dios que perdona y sana no debe convertirse solo en algo personal "para limpiarnos", sino que debe crecer y alcanzar a otros y aumentar en sus seguidores. Al amar, perdonar y sanarnos unos a otros, edificamos el cuerpo de Cristo, la Iglesia, en el mundo, en cualquier época y en cualquier lugar. Los cristianos hacen presente a Cristo en sus vidas por sus palabras y acciones llenas de caridad, las cuales producen reconciliación y paz.

Como padres cristianos, están poniendo las bases para la vida de su hijo. Están llamados a poner el Espíritu de amor sin condiciones, el perdón y la reconciliación de Cristo en el centro de su misión como papás. Cuando su hijo experimente estas cosas, entonces comenzarán a darse cuenta de la verdadera naturaleza de Dios y de la paz y felicidad eternas que él nos prometió.

Palma il Vecchio, *Cristo y la mujer sorprendida en adulterio*

La mujer sorprendida en adulterio

Los escribas y fariseos le llevan una mujer sorprendida en adulterio, la ponen en medio y le dicen: "Maestro, esta mujer ha sido sorprendida en flagrante adulterio. Moisés nos mandó en la Ley apedrear a estas mujeres. ¿Tú qué dices?". Esto lo decían para tentarle, para tener de qué acusarle. Pero Jesús, inclinándose, se puso a escribir con el dedo en la tierra. Pero como ellos insistían en preguntarle, se incorporó y les dijo: "Aquel de ustedes que esté sin pecado, que le arroje la primera piedra". E inclinándose de nuevo, escribía en la tierra. Ellos, al oír estas palabras, se iban retirando uno tras otro, comenzando por los más viejos; y se quedó solo Jesús con la mujer, que seguía en medio. Incorporándose Jesús le dijo: "Mujer, ¿dónde están? ¿Nadie te ha condenado?". Ella respondió: "Nadie, Señor". Jesús le dijo: "Tampoco yo te condenó. Vete y en adelante no peques más"

Juan 8,3–11

Después de que se alejaron los santurrones que la acusaban, la mujer sigue de pie, en silencio, ante Cristo. No confiesa, no ofrece ninguna excusa, está expuesta y es vulnerable. Su pecado y su error están a la vista de todos.

Jesús, mostrando el amor del Padre que todo lo sabe y todo lo ve, le asegura que él no la condena. Simplemente le dice: "Vete y en adelante no peques más". En otras palabras, la invita a la conversión, a vivir de una manera diferente. De hecho, dice: "No te vuelvas a alejar de tu Padre celestial. Ven, únete a tu Dios amoroso que te sana, te perdona, te cuida".

El hijo pródigo y egoísta

Dijo: "Un hombre tenía dos hijos. El menor de ellos dijo al padre: 'Padre, dame la parte de los bienes que me corresponde'. Y él les repartió la hacienda. Pocos días después, el hijo menor lo reunió todo y se marchó a un país lejano, donde malgastó sus bienes viviendo como un libertino.

"Cuando se lo había gastado todo, sobrevino un hambre extrema en aquel país y comenzó a pasar necesidad. Entonces fue y se arrimó a uno de los ciudadanos de aquel país, que le envió a sus campos a cuidar cerdos. Y deseaba llenar su vientre con las algarrobas que comían los cerdos, pues nadie le daba nada. Y entrando en sí mismo, dijo: ¡Cuántos jornaleros de mi padre tienen pan en abundancia, mientras que yo aquí me muero de hambre! Me levantaré, iré a mi padre y le diré: 'Padre, pequé contra el cielo y ante ti. Ya no merezco ser llamado hijo tuyo, trátame como a uno de tus jornaleros'. Y, levantándose, partió hacia su padre.

"Estando él todavía lejos, le vio su padre y, conmovido, corrió, se echó a su cuello y le besó efusivamente. El hijo le dijo: 'Padre, pequé contra el cielo y ante ti; ya no merezco ser llamado hijo tuyo'. Pero el padre dijo a sus siervos: 'Dense prisa; traigan el mejor vestido y vístanlo, pónganle un anillo en la mano y unas sandalias en los pies. Traigan el novillo cebado, mátenlo, y comamos y celebremos una fiesta, porque este hijo mío había muerto y ha vuelto a la vida; se había perdido y ha sido hallado'. Y comenzaron la fiesta.

Lucas 15,11–24

¿Cómo recibió Jesús a los pecadores?

Jesús cuenta esta historia para mostrar claramente la naturaleza del perdón de su Padre y su amor por nosotros. El hijo menor ha malgastado todo lo que su padre le había dado. Hasta ha desperdiciado su vida y ahora que "siente necesidad", regresa a casa de su padre. Hasta la persona más ingenua puede ver que el joven no siente dolor y remordimiento por sus errores y despilfarros. Simplemente reconoce que no existe un futuro para él, si continúa por el mismo camino.

La bienvenida que recibe esta fuera de todo lo que cualquier persona podría esperar. Su padre, que lo está esperando, corre a encontrarse con él, lo abraza fuertemente y lo reestablece a la dignidad total de hijo amado en su hogar. Esta es la manera en que Dios nos da la bienvenida inmediatamente después de que damos el primer paso.

Jesús se encuentra con una conocida pecadora

Un fariseo le rogó que comiera con él, y, entrando en la casa del fariseo, se puso a la mesa. Había en la ciudad una mujer pecadora pública. Al enterarse de que estaba comiendo en casa del fariseo, llevó un frasco de alabastro de perfume y, poniéndose detrás, a los pies de él, comenzó a llorar, y con sus lágrimas le mojaba los pies y con los cabellos de su cabeza se los secaba; besaba sus pies y los ungía con el perfume.

Al verlo el fariseo que lo había invitado, se decía para sí: "Si este fuera profeta, sabría quién y qué clase de mujer es la que le está tocando, pues es una pecadora". Jesús le respondió: "Simón, tengo algo que decirte". Él dijo: "Di, maestro". "Un acreedor tenía dos deudores: uno debía quinientos denarios y el otro cincuenta. Como no tenían para pagarle, perdonó a los dos. ¿Quién de ellos le amará más?". Respondió Simón: "Supongo que aquel a quien perdonó más".Él le dijo: "Has juzgado bien". Y, volviéndose hacia la mujer, dijo a Simón: "¿Ves a esta mujer? Entré en tu casa y no me diste agua para los pies. Ella, en cambio, ha mojado mis pies con lágrimas y los ha secado con sus cabellos. No me diste el beso. Ella, desde que entró, no ha dejado de besarme los pies. No ungiste mi cabeza con aceite. Ella ha ungido mis pies con perfume. Por eso te digo que quedan perdonados sus muchos pecados, porque ha mostrado mucho amor. A quien poco se le perdona, poco amor muestra". Y le dijo a ella: "Tus pecados quedan perdonados". Los comensales empezaron a decirse para sí: "¿Quién es este, que hasta perdona los pecados?". Pero él dijo a la mujer: "Tu fe te ha salvado. Vete en paz"

Lucas 7,36–50

Esta historia es muy humana. Todos los presentes saben qué tipo de mujer es. Todos saben que es un caso grave, que no hay esperanza para ella y que no es el tipo de persona con quien uno querría tener contacto si quiere conservar su buena imagen. Ella sabe esto también y siente inmensa pena, angustia y dolor. Ya no es orgullosa, simplemente anhela estar en paz, volver a sentir que es buena, que tiene integridad.

Los demás presentes están ciegos por creerse tan justos, pero Jesús conoce el deseo que existe en su corazón de reconciliarse; él ve sus lágrimas de arrepentimiento y su fe en su amor sanador. De nuevo, no hay recriminación, no se enumeran sus faltas ni su pecado. El perdón y la reconciliación son suyos antes de que los pida con palabras. Esto gracias a la fe que demuestra tener en la capacidad de Cristo para sanarla. Como dice Jesús: "Por eso te digo que quedan perdonados sus muchos pecados, porque ha mostrado mucho amor".

El hombre paralítico

En esto le trajeron un paralítico postrado en una camilla. Viendo Jesús la fe de ellos, dijo al paralítico: "¡Ánimo!, hijo, tus pecados te son perdonados". Pero he aquí que algunos escribas dijeron para sí: "Este está blasfemando". Jesús, conociendo sus pensamientos, dijo: "¿Por qué están pensando mal en sus corazones? ¿Qué es más fácil, decir: 'Tus pecados te son perdonados', o decir: 'Levántate y anda'? Pues para que sepan que el Hijo del hombre tiene en la tierra poder de perdonar pecados —dice entonces al paralítico—: 'Levántate, toma tu camilla y vete a tu casa'". Él se levantó y se fue a su casa. Y al ver esto, la gente temió y glorificó a Dios, que había dado tal poder a los hombres"

Mateo 9,2–7

Este hombre está tan impedido que no puede hacer nada por sí mismo. Sus amigos lo llevan donde Jesús. De nuevo, vemos a los espectadores que están listos para criticar y juzgar a los demás. Cuando recordamos que tradicionalmente se pensaba que la enfermedad era un castigo de Dios por pecados que había cometido la persona enferma o sus padres, esta curación tiene un especial significado. Las palabras de Jesús, "Tus pecados te quedan perdonados", horrorizan a los espectadores. Jesús se preocupa por la mente y por el cuerpo. Prueba que él es el Hijo de Dios al demostrar su poder para perdonar los pecados de una manera que los espectadores van a entender, es decir, al curar al hombre. De nuevo, la fe que el pecador y sus amigos tienen en Jesús es lo que los lleva a buscar el perdón y la reconciliación que los une a Cristo.

En tiempos antiguos, las palabras en griego y hebreo para el perdón significaban "soltar", "poner en libertad", "cubrir", "perdonar", en definitiva, reestablecer lo que estaba intacto. Además, en todos los Evangelios vemos a Jesús revelando de una manera muy real y humana a un Dios del perdón y la absolución. Dios nunca busca la venganza y solo pide que su pueblo regrese a él. Y al regresar al Señor —al aceptar el don de su perdón y reconciliación—, los pecadores realmente sanan de la mente, del alma y del cuerpo.

Es interesante ver que Cristo no impone ningún castigo o condena. Simplemente le ofrece al pecador su amor sin condiciones. Hay aceptación del valor del individuo sin importar su pecado. Hay fe también en la sinceridad del pecador, sin importar su pasado. Cada acto de perdón de Dios es verdaderamente un nuevo comienzo. Una vez que ese tipo de relación, que ese tipo de amor se acepta —y eso puede ser difícil, como vemos por las reacciones de los escribas y los fariseos—, se encuentra la verdadera libertad.

Es una libertad de la esclavitud al pecado y una solución a nuestras necesidades y debilidades. Es una libertad para vivir como buenos amigos, aceptados por Jesucristo; una libertad para vivir en confianza y esperanza consecuencia de nuestra confianza en el amor incondicional que Dios nos ofrece.

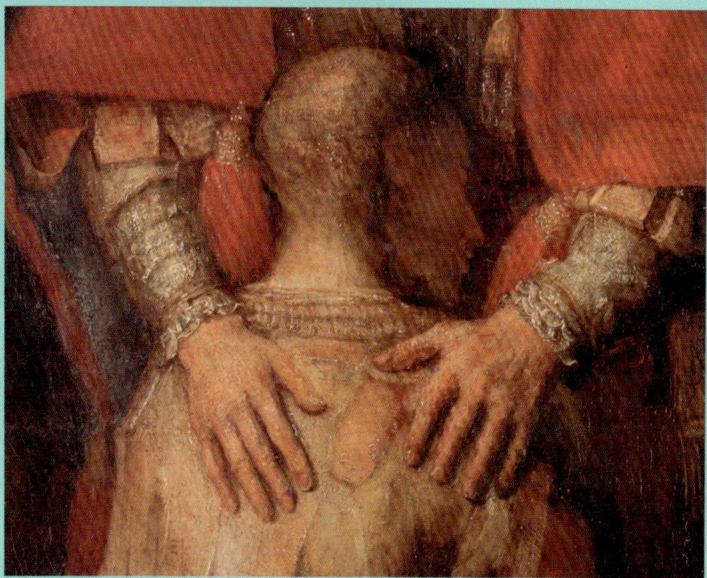

Rembrandt, *El regreso del hijo pródigo* (detalle)

¿Qué pasa en la Confesión?

No solo las personas no católicas se preguntan a menudo qué pasa en la Confesión, sino hasta los mismos católicos pueden perder de vista la verdadera naturaleza de este sacramento. Ahora que ustedes están ayudando a sus hijos a prepararse para su primera celebración del sacramento de la Reconciliación, es bueno que recuerden, o que aprendan, lo que sus hijos van a celebrar.

Hay un dicho que dice: "Lo que mal empieza, mal acaba": si empezamos siendo un fracaso, terminaremos siendo un fracaso; si empezamos mal la vida, entonces también terminaremos mal. Jesucristo vino a destruir esta idea errónea y a ofrecernos la esperanza de cambiar y transformar los fracasos y pecados que nos desfiguran para así poder vivir de nuevo con una nueva esperanza.

Con Dios no hay "casos perdidos". Aun después de vivir con Cristo, de oír sus palabras y de ser testigos de sus acciones, los apóstoles decepcionaron a Jesús con sus traiciones. No lo entendieron y no entendieron la clase de amor sanador que él ofrecía. Sin embargo, Jesús se les volvió a aparecer después de su resurrección para ofrecerles paz. "Paz a ustedes", les dijo, "reciban al Espíritu Santo". Jesús los animó a empezar de nuevo.

Jesús sigue animándonos y ayudándonos en el sacramento de la Reconciliación o la Confesión. Muchas personas todavía piensan que este sacramento es "una humillación" porque tratamos de recordar nuestros pecados (¡casi todos!) y recibimos una penitencia como castigo por nuestro pasado. Así no es como Cristo concibió y estableció este sacramento. Para él era una oportunidad de darnos nueva esperanza para el futuro y para elevarnos al nivel de Dios.

Cuando celebramos el sacramento de la Reconciliación, no hay palabras que tengamos que aprender —aunque puede ser que sus hijos aprendan algunas oraciones sencillas como introducción al sacramento—; pero hay cinco puntos esenciales que deben estar siempre presentes. Si ustedes entienden estos puntos y se los pueden exponer a sus hijos de manera que los entiendan fácilmente, sus hijos tendrán una sólida base en la comprensión de esta celebración del amor que Dios les tiene.

Reflexión

El punto de partida para la Reconciliación no es pensar en nuestra propia vida, sino pensar en las palabras de Jesús. La vida de Jesús y sus palabras son las cosas que le dan sentido a nuestra vida y a nuestras palabras. Así que, antes de recibir el sacramento es una buena idea pasar algún tiempo pensando en Cristo, la clase de persona que era, las cosas que hizo y la manera en que trataba a las personas. También ayuda que recordemos su muerte y resurrección, y lo que esos hechos significan para nosotros hoy en día.

Examen

Podemos examinar nuestra vida desde el punto de vista de la vida de Cristo. No ayuda mucho tratar de recordarlo todo —algunas personas pasan horas antes de ir a confesarse, tratando de recordar cada una de sus defectos y fallos—. O a veces pasamos muchísimo tiempo buscando la mejor manera de decir nuestros pecados para no parecer peor de lo que verdaderamente somos. A Dios no le interesa si tenemos una buena memoria o cuántas faltas podemos descubrir en nosotros. Dios solamente está interesado en curarnos, en reconciliarse con nosotros en amor y sanación, así que quiere solo nuestro arrepentimiento. Cuando el hijo pródigo decidió regresar a su padre, pensó de antemano cómo le iba a pedir perdón. Pero antes de que pudiera decir algo, el padre lo colmó de besos de perdón y alegría, pues había regresado. Esto es lo mismo que pasa con nosotros y nuestro Padre celestial en este sacramento.

La confesión de los pecados

Cuando nos confesamos ante un cura —nosotros decidimos si va a ser cara a cara o usando una cortina—, podemos dejar que él sea nuestro guía. Es costumbre decirle cuándo hicimos nuestra última Confesión y contarle algunos detalles de nuestra vida que puedan ayudarle a conocernos mejor. Cuando confesamos nuestros pecados, no hay una manera "correcta" o "incorrecta" de hacerlo. Todo depende de la persona, porque lo importante no es lo que nosotros decimos, sino lo que Cristo dice.

La absolución

Después de que el sacerdote da la penitencia, dice las palabras de absolución de Cristo. A menudo hay quienes preguntan por qué necesitamos acudir a otro ser humano para ser perdonados en vez de ir directamente a Dios. El hecho es que somos de carne y hueso, y Dios se comunica con nosotros por medio de otras personas —empezando por Jesucristo y, a lo largo de los siglos, por medio de sus ministros y la comunidad de creyentes, es decir, la Iglesia. Por medio del sacerdote Dios nos permite escuchar que nuestros pecados están perdonados.

Compartir

Dios nos perdona. Pero el sacramento se completa solo cuando compartimos con nuestra familia y amistades el perdón que hemos recibido. Muchos de nosotros somos como el mal administrador del Evangelio, a quien su patrón le perdonó la fortuna que le debía y quien después se encontró con un hombre que le debía un poco de dinero e insistió en que le pagara. El administrador no entendió lo que le había pasado. No le importó nada. Y así pasa con nosotros. El amor de Dios y su perdón nos permite empezar de nuevo, sabiendo con certeza que Dios nos ama muchísimo; y podemos empezar de nuevo ofreciendo su perdón a los demás.

La historia del sacramento de la reconciliación

Jesús

Jesús enseña a sus discípulos acerca del perdón y la reconciliación por medio de sus encuentros con personas en su vida terrena, en sus parábolas y en las palabras que les dirigió después de su resurrección:

"Como el Padre me envió, también yo los envío".

Dicho esto, sopló y les dijo:

"Reciban el Espíritu Santo. A quienes perdonen los pecados, les quedan perdonados; a quienes se los retengan, les quedan retenidos"

Juan 20:21–23

Los primeros cristianos

Guiados por las enseñanzas de Cristo y por su Espíritu Santo, los primeros cristianos practicaban el perdón y la reconciliación entre ellos, guiando, fortaleciendo y dándose consejos unos a otros como hermanos y hermanas en Cristo por su bautismo común. San Pablo escribe:

"No seamos vanidosos provocándonos los unos a los otros y envidiándonos mutuamente.

Hermanos, si alguno es sorprendido en alguna falta, ustedes, los espirituales, corríjanlo con espíritu de mansedumbre, y cuídate de ti mismo, pues también tú puedes ser tentado. Ayúdense mutuamente a llevar sus cargas y cumplan así la ley de Cristo

Gálatas 5,26.6,1–2

La Iglesia primitiva

Mientras los seguidores de Cristo se apoyaban unos a otros con consejos espirituales y la reconciliación en su vida diaria, la Iglesia primitiva usaba el Bautismo y, con menos frecuencia, la Unción de los enfermos, como los medios principales para obtener perdón. Los conversos de aquellos tiempos aceptaban la fe sabiendo muy bien que esta podía llevarlos a la muerte. No respetar semejante compromiso con Cristo era algo inconcebible; pero con el paso del tiempo algunos negaron su fe en Jesucristo (apostasía) o cometieron un pecado grave que escandalizó a la comunidad cristiana.

Después, muchos se arrepintieron y pidieron ser admitidos de nuevo en la Iglesia. No podían ser bautizados de nuevo, así que se estableció una ceremonia pública de perdón. Solo era posible confesarse una vez en la vida (los sacerdotes no podían confesarse ni siquiera una vez). Generalmente se hacía lo siguiente:

- Confesión pública al obispo del pecado. Solo existían tres pecados oficiales o reconocidos, contra la comunidad: el asesinato, la apostasía y el adulterio.
- La penitencia era larga y muy estricta (el ayuno, el cilicio y las cenizas).
- Solo después de todo lo anterior se recibía la absolución del obispo al imponerles este las manos a los pecadores.

El siglo IV

En el siglo IV, san Agustín sugirió que los jóvenes desistieran de recibir el sacramento porque la vida normal se hacía imposible después de haberlo recibido. No podían casarse, ser sacerdotes o alistarse en el ejército o en otras profesiones. Por esta razón y también porque la práctica era tan estricta, muchas personas posponían el sacramento hasta que se encontraban en el lecho de muerte. Se sabía muy claramente quién era un pecador y quién era un penitente. La penitencia no se convirtió en algo que sanaba y reconciliaba, sino en algo que castigaba y tenía ciertas consecuencias concretas. Como resultado, el sacramento casi dejó de existir. El celo bien intencionado había eclipsado lo que Cristo quería y que vemos en los Evangelios.

Masolino da Panicale, San Pedro predicando

Inicios de la Edad Media

Sin embargo, los cristianos todavía sentían la necesidad de acercarse más a Dios y de renovar y reconciliar sus vidas con Cristo. En la Edad Media, los misioneros, monjes y monjas irlandeses, empezaron a dar consejos espirituales a los cristianos en privado.

Los ayudaban a examinar su conciencia y a hacer las paces con Dios en la privacidad de un encuentro entre dos personas. Estos monjes y monjas ofrecían consejos y sugerían maneras en que un pecador podía hacer penitencia y "hacer las paces" con Dios por sus pecados. Esta forma de Confesión fue haciéndose muy popular, aunque al principio los obispos la condenaron como una novedad permisiva. Por último, su popularidad venció la oposición del clero y fue aceptada oficialmente. Era diferente de la práctica original en tres cosas principalmente:

1. La confesión privada de los pecados a un sacerdote (no solo a los obispos como antes).
2. La Confesión se hacía con más frecuencia e incluía una variedad de pecados menos graves.
3. Se daba una penitencia que se debía cumplir después de recibir la absolución.

Ahora la penitencia no era tan dura, pero lo normal era imponer un tipo de "tarifa" o de castigos por diferentes pecados. Por ejemplo:

- Por el asesinato: tres años en exilio a pan y agua más tres años como sirviente de la familia de la víctima.
- Por la borrachera: tres semanas a pan y agua.
- Por robar caballos: tres Cuaresmas.

Por ejemplo, después de la batalla de Hastings en Inglaterra, los soldados normandos recibieron un año de castigo por cada hombre que mataron y cuarenta días por aquellos que hirieron. ¡Cada arquero recibió tres Cuaresmas!

Hacia finales de la Edad Media

Hacia finales de la Edad Media los sacramentos fueron definidos de una manera más precisa con nombres y números. La Penitencia ahora tenía tres elementos esenciales: la contrición (el dolor), la confesión de los pecados y la satisfacción. Nuestra penitencia es una muestra de nuestro deseo de estar en paz con Dios. La penitencia comenzó a consistir cada vez más en ofrecer oraciones, en vez de hacer penitencia corporal; después se trataba de dar dinero a un sacerdote para que dijera una Misa y, por último, en hacer donativos directamente a la Iglesia (la Abadía de Battle, en Inglaterra, se construyó con las penitencias de soldados). Entonces, ¡los ricos comenzaron a pagarles a otras personas para que cumplieran sus penitencias! Ejemplo: un hombre con una penitencia a siete años a pan y agua podía pagarles a doce hombres para que ayunaran tres días y a 120 hombres para que cumplieran 3 días 7 veces: ¡12 x 3 + 120 x 7 x 3 = 2,556 días = 7 años! Este tipo de abusos y la cuestión de las indulgencias fueron una de las causas de la Reforma.

Se hizo mucho hincapié en que el confesor mantuviera todo en secreto. En el siglo XVI, al parecer, san Carlos Borromeo inventó el confesionario. El Concilio de Trento estableció la práctica de la Confesión que hemos seguido los últimos cuatro siglos.

Concilio Vaticano II

A principios del decenio 1960–70, el Concilio Vaticano II examinó la manera en que celebramos los sacramentos. El objetivo fue aprender de errores del pasado a la luz de una nueva comprensión de la psicología humana, las ciencias del comportamiento humano y las investigaciones acerca de la vida de Cristo y de sus primeros seguidores. La Iglesia, tanto las personas como la institución, había dejado de tratar a los pecadores como Cristo lo había hecho en el Evangelio.

El Concilio Vaticano II hizo una profunda renovación en la Iglesia, a menudo reconciliando las prácticas modernas de la vida cristiana con las del Nuevo Testamento y las de los primeros cristianos. No sugirió simplemente una forma nueva de confesarse, sino que nos alentó a que pensáramos en nuestras actitudes hacia el pecado, el perdón, la culpa, la reconciliación y el arrepentimiento. Continuamente se nos llama al arrepentirnos y el arrepentimiento no significa solo "que los sentimos mucho", sino significa un cambio en nuestra vida.

Las confesiones se habían convertido en algo muy privado. Cada persona era responsable de mantenerse tan limpia y libre de pecado como le fuera posible, para así tener mérito a los ojos de Dios y obtener la vida eterna. Se había perdido la relación entre el pecado y la comunidad, y existía el peligro de que las personas cayeran en una excesiva introspección, lo cual puede llevar a los escrúpulos y a la falta de confianza en la acción del Espíritu Santo en la vida de una persona.

Hoy día la Iglesia está volviendo a descubrir las grandes riquezas y el amor que Cristo ofrece a sus seguidores en este sacramento. Un sacramento que hace énfasis en la reconciliación y no simplemente en la confesión de los pecados.

El Papa Juan XXIII convocó el Concilio Vaticano II, el cual tuvo lugar de octubre de 1962 a septiembre de 1965. Juan XXIII fue proclamado santo por el Papa Francisco el 27 de abril de 2014.

El sacramento de la Reconciliación ayer y hoy

Comunicamos nuestra fe más claramente por la forma en que hacemos frente a la vida. ¿Cómo reaccionas en momentos de tensión y de problemas? ¿Cómo respondes cuando las cosas andan bien y estás alegre? ¿"Sienten" tus hijos el calor de una fe operante, reflejada en tu vida y en la de tu cónyuge? Es posible que haya algunas cosas en la vida y en las relaciones con los demás que ustedes encuentren difíciles por sus antiguas experiencias o por su niñez. Las preguntas que siguen pueden ayudar a aclarar algunos temas que son difíciles o hasta dolorosos. Hablen entre ustedes o con un amigo o con los catequistas de sus hijos. Esto les ayudará a encontrar la mejor manera de comunicarles a sus hijos su fe y sus propios sentimientos acerca de la Confesión.

La niñez

¿Qué tipo de relación tuviste con tu madre?

¿Qué tipo de relación tuviste con tu padre?

¿Cómo se resolvían los conflictos en tu familia cuando eras pequeño o pequeña?

¿Reflejaba esto un espíritu cristiano de perdón y reconciliación?

¿Cuán fácil te es decir "lo siento"?

a) Muy fácil.

b) Solamente después de pensarlo.

c) Me es muy difícil, a veces hasta imposible.

¿Cuánto crees que han influido tus experiencias de la niñez, experiencias de perdón y reconciliación, en tus respuestas a las preguntas anteriores?

Las cosas que no nos dejan crecer

- ¿Había algunos asuntos que no se podían discutir en tu familia durante tu niñez? ¿Puedes mencionarlos?
- ¿Por qué crees que estos asuntos no se podían discutir? ¿Qué lo prohibía?
- ¿Cómo tratas esos asuntos en tu vida adulta hoy día? ¿Has pensado en ellos, has tratado de razonarlos o no te preocupan mucho?
- ¿Sobre qué cosas o asuntos te es más difícil pensar en tu vida hoy día?
- ¿Cuál crees que es la razón?
- Escoge algo que te cause problemas, escribe lo que es y decídete a enfrentarlo sin importar qué sea para que comiences a resolverlo.

Aprendemos al compartir

- ¿Cuán fácil es para ti hablar de cosas personales con otras personas?
- Si encuentras que es bastante fácil, ¿puedes decir por qué?
- Si encuentras que es difícil, ¿puedes decir por qué?
- Piensa en una relación que es importante para ti, pero que no terminó bien. ¿Puedes darte cuenta de los errores que la otra persona cometió? ¿Puedes darte cuenta de los errores que tú cometiste?
- ¿Te sientes muy cercano o cercana a alguien que tiene una vocación muy diferente a la tuya? Si así es, ¿puedes identificar cómo esta relación te ayuda en tu propia vocación como padre o madre?
- ¿Hay una relación en tu vida que necesita alguna atención especial? ¿Qué puedes hacer en estos momentos para comenzar a esforzarte?

La prisión del pecado

- ¿Puedes identificar lo que tú crees que es tu pecado más serio?
- ¿Cuándo se convirtió esto en un problema para ti? ¿Puedes determinar cuándo empezó?
- ¿Cómo has tratado de resolver este problema: con la Confesión, hablando con un amigo íntimo, pidiéndoles consejos a otras personas?
- ¿Lo has eliminado de tu mente o has tratado, por medio de la disciplina y el control, de vivir con el problema?
- ¿Le has presentado a Dios este problema?
- ¿Vas a intentar hacer esto último?

La oración en tu vida

- ❖ Cuando eras chico, ¿se rezaba en tu familia?
- ❖ ¿Cómo ha influido eso tu vida de oración hoy en día? ¿Rezas de la misma manera que cuando eras niño o niña, de una manera muy diferente o simplemente ya no rezas?
- ❖ ¿Cuándo fue la última vez que oraste de una manera diferente o que escuchaste a otra persona hablar de sus experiencias en la oración?
- ❖ ¿Cuándo fue la última vez que hablaste de tu vida de oración con tu cónyuge o con otra persona?
- ❖ ¿Cuán a gusto te sientes con tu vida de oración hoy día? ¿Es algo importante en tu vida?
- ❖ ¿Cuánto tiempo vas a reservar hoy para decirle a Dios cómo te sientes?

Las diferentes prisiones

- ❖ ¿Cuál es tu relación con Dios? ¿Te sientes feliz y realizado en ella? ¿Le tienes miedo a Dios?
- ❖ ¿Cuál es tu relación con los que están más cerca de ti?

¿Encuentras que te es difícil tratarlos? ¿Puedes decir por qué? ¿Qué defectos encuentran ellos en ti?

- ❖ ¿Odias a ciertos grupos de personas? ¿Puedes decir por qué?
- ❖ ¿Qué es lo que más valoras en la vida en cuanto a lo material? ¿Sientes demasiado amor por ello?
- ❖ ¿Cómo contribuyes a la vida de tu comunidad cristiana?
- ❖ ¿Qué clase de ejemplo les das a tus hijos, a los jóvenes, a tu cónyuge?

Identificación de nuestras necesidades y de la sanación que posiblemente necesitamos

- ❖ ¿Cuándo fue que la primera vez que experimentaste la diferencia entre el bien y el mal?
- ❖ Pensando en esa experiencia, ¿te fue provechoso aprenderlo? Escribe tus reacciones.
- ❖ ¿Qué actitud tenían los adultos importantes en tu vida en lo relacionado con la aceptación de la responsabilidad personal por sus actos?
- ❖ ¿Cuál fue su actitud acerca del perdón? ¿Fue calurosa y generosa o dura y estricta?
- ❖ ¿De qué forma estas experiencias han afectado tus actitudes hacia tus debilidades y responsabilidades?
- ❖ A menudo el pecado puede ser síntoma de otra dificultad más seria en tu vida. Por tanto, puede ser un error tratar de resolver solo el pecado sin ir a la causa más profunda. ¿Tienes un antiguo problema que tal vez sea síntoma de algo más profundo?

Preguntas

Un elemento importante del sacramento de la Reconciliación es facilitar la comunicación auténtica y cómoda entre el penitente y el sacerdote. La mayoría de las parroquias tiene un lugar cómodo para celebrar el sacramento cara a cara con el confesor. Para aquellas personas que prefieren la anonimidad, también hay un confesionario con cortina. Tu hijo puede escoger cómo quiere celebrar el sacramento.

El sacramento de la Reconciliación, en términos que un niño puede comprender, es como "hacer las paces" con Dios después de haber dejado de ser amigos.

Mi esposo dice que él ya no cree en Dios. ¿Cómo puedo convencerlo?
No puedes hacerlo. Solo puedes convencerlo de que tú crees en Dios. Esto puede ayudar más a convencerlo que cualquier otra cosa. Son muy pocas las personas que no creen por razones puramente intelectuales. Y tampoco nadie las va a convencer con argumentos puramente intelectuales. La mayoría de las personas que no cree son sinceras y rechazan a Dios porque consideran que no es necesario en este mundo o porque no puede aceptar la existencia de Dios debido a tanto sufrimiento que existe. Tu fe le va a ayudar a tu esposo cuando se dé cuenta de que te ayuda a ser feliz; y la misma fe te ayuda a sobrellevar tus sufrimientos con paciencia.

Mi divorcio y segundo matrimonio no me permiten recibir los sacramentos. ¿Cómo puedo explicarle esto a mi hija y animarla a que los reciba?
Primero que nada, ¿estás segura de que no puedes comulgar? ¿Has pedido que un especialista del Tribunal de Matrimonios examine el caso de tu primer matrimonio? Hoy día muchos católicos creen que no pueden comulgar por diversas razones, simplemente porque amigos, parientes o hasta un sacerdote o religiosa, les han dado una respuesta precipitada sin saber todos los detalles de su situación y les han dicho que no pueden hacerlo.

Si como dices no puedes comulgar, entonces tienes que ser honesta con tu hija. Explícale el amor y las enseñanzas de Jesucristo para todas las personas y que estos son la base para las leyes de la Iglesia. No tengas miedo de hablarle de tu situación actual, porque los hijos pueden comprender muchas cosas cuando se trata de sentimientos de incomodidad y vulnerabilidad. Explícale que tienes que esperar antes de comulgar. Comunícale muy claramente el amor que sientes por Dios y esto le demostrará por qué es importante que ella reciba los sacramentos. La mejor forma para comunicarle la fe a tu hija es que ella vea cómo rezas. Si oras de una manera natural y sincera, tu fe le causará una impresión duradera. Tus oraciones en privado y las oraciones que rezas con ella pueden ser un forma muy profunda de experimentar juntas la vida de la Iglesia.

y respuestas

La fe que mi hijo está aprendiendo en las clases de Catecismo parece diferente a la que yo aprendí de niña. Esto me dificulta mucho contestar a sus preguntas. Por ejemplo, a mí me enseñaron a confesarme todos los meses y su profesora se rehúsa a decir cuán a menudo deben confesarse. Seguramente necesitamos algunas reglas.

La Iglesia, al igual que todos nosotros, siempre está creciendo y desarrollándose, porque constantemente avanza hacia la plenitud que existe en la unión total con Dios. Este proceso de crecimiento es tan doloroso para la Iglesia como lo es para cada uno de nosotros. Por un lado, la Iglesia mantiene la estabilidad de su fundación en la Palabra de Dios. Por otro, la Iglesia trata constantemente de dar a luz esa Palabra y de ofrecer nueva vida a cada nueva generación. Igual que Cristo, la Iglesia es divina y enseña la verdad; pero igual que Cristo, también es humana y trata de adaptarse a las circunstancias, para atraer al rebaño el mayor número posible de personas. Por esa razón la Iglesia siempre "está cambiando". Con cada generación vemos un aspecto nuevo de la Iglesia. Sin embargo, su "personalidad" fundamentalmente sigue siendo la misma. Estos cambios en su apariencia pueden confundir a muchas personas, pero la Iglesia se estancaría sin ellos.

El sacramento de la Reconciliación es una de las cosas que la Iglesia ha adaptado para el mundo de hoy. Se supone que la Confesión es una conversación íntima entre Cristo y nosotros. Las palabras de Cristo son más importantes que cualquier cosa que tengamos que decir. Esto ha llevado a no repetir tanto unas fórmulas y en no confesarnos tan a menudo; pero la Iglesia sigue recordándonos que la reconciliación es muy importante y que acercarnos a Dios nos ayuda.

¿Qué ha pasado con el pecado mortal? Parece que hoy día hay demasiada tolerancia y libertinaje.

Al leer la historia de este sacramento en las páginas 8 y 9, te habrás dado cuenta de que las formas en que expresamos nuestra comprensión del pecado han cambiado a través de los siglos. Hasta hace poco, el pecado a menudo era dividido en mortal y venial. El pecado mortal era una ofensa seria contra Dios que "mataba el alma". El pecado venial era una ofensa que "no le gustaba a Dios y a menudo llevaba al pecado mortal". El propósito de esta división era distinguir entre el pecado serio y el pecado leve. Como lo demuestran las enseñanzas de Jesús en los Evangelios, Dios nunca quiere la muerte o el destierro de nadie. De hecho, es exactamente lo contrario: él constantemente busca a los que están perdidos, a los abandonados y a los que sienten que no tienen remedio o esperanza. Es un hecho muy claro que él no es un Dios que quiere destruir a sus hijos. Más bien, debido al gran amor que siente por nosotros, nos otorga libertad total para que escojamos si queremos vivir como sus hijos o si preferimos rechazar sus enseñanzas y ejemplos.

Si con esa libertad decidimos rechazarlo e ir por otro camino, rechazamos sus promesas y nos separamos de él. En efecto, nos ponemos fuera del alcance de su ayuda. Sin embargo, debido a su gran amor por nosotros, Dios no nos obliga a regresar. Pero sí lamenta nuestro rechazo.

Si con nuestra libertad decidimos que queremos obedecer sus enseñanzas, Dios nunca nos rechazará o condenará. Cuando fallamos, cuando nos alejamos del verdadero camino, sentiremos la separación y el dolor que brotan cuando nos alejamos del amor de nuestro Padre celestial. Pero tan pronto nos ponemos a buscar la reconciliación, esta es nuestra y se cumple la promesa de Cristo. No podemos ser perdonados y reconciliados cuando rehusamos aceptar su ofrenda total de un amor que sana y rehusamos creer que Cristo nos ofrece la reconciliación.

No soy católica y me preocupa que mi hija tenga que prepararse para la Confesión siendo tan joven. Ella es una buena niña y esto de empezar a decirle que es una pecadora no me parece adecuado.

Tienes toda la razón al no querer que tu hija se vea afectada por una experiencia incómoda. El sacramento de la Reconciliación, en términos que un niño puede entender, es como "hacer las paces" con Dios después de haber dejado de ser amigos. Los niños entienden muy bien el concepto de "hacer las paces" porque las han hecho con amiguitos del colegio y de la colonia. La mayoría de nosotros podemos recordar los dichos especiales y los juegos que jugamos en esta época de nuestra vida y que asociamos con la manera en que volvemos a establecer relaciones alguien que nos importa.

Presentar el sacramento de la Reconciliación a los niños es parte esencial de su relación personal con Dios. Aprenden que no importa lo mal que se porten con Dios o con otras personas, pues siempre pueden decir: "lo siento". Así es como se pueden reconciliar con su Padre celestial. La lección más importante que aprenden es que Dios los ama sin condiciones. Él nunca los rechazará, abandonará o condenará a la soledad o a la desesperación. Este hecho le da a cada persona la confianza necesaria para crecer y desarrollar su potencial como Dios lo tiene planeado.

Los padres son la clave del amor

"¿Me puedes decir quién te hizo?", preguntó el sacerdote a un niño pequeño. El niño pensó por unos momentos, miró al sacerdote y le dijo, "Dios hizo una parte".

"¿Qué quiere decir eso?"

"Bueno", añadió el niño, "Dios me hizo pequeñito y después yo crecí".

Lo de "después yo crecí" es algo que nos lleva toda la vida. Dios nos ha dado una vida a cada uno: la nuestra. Encontramos nuestro propósito y la felicidad cuando descubrimos y usamos los talentos que él nos ha dado para vivir esa vida. "Somos colaboradores en la creación", escribió el teólogo Teilhard de Chardin. El mundo se convierte en lo que cada uno se convierte. Y cada uno de nosotros es parte integral de ese proceso. Tú eres parte integral y tus hijos lo son también.

¿Qué imaginamos que debe ser "un buen padre católico o una buena madre católica"? ¿Es alguien que puede enseñarles a sus hijos la doctrina y las leyes específicas del Cristianismo? ¿O es alguien que puede educarlos de una manera que su desarrollo emocional y psicológico pueda madurar? En cierto sentido, la respuesta a las dos preguntas es "sí", pero puede haber una tendencia a darle más énfasis a lo primero, esto es, enseñar las reglas y el sistema de nuestra fe, en vez de fomentar el desarrollo de esta.

Durante la niñez pasamos por etapas de crecimiento, de lo que pensamos y de la moralidad. Nuestra respuesta a estas etapas está unida a nuestras experiencias personales, a nuestra relación con nuestros padres, nuestra familia y nuestro entorno. La manera en que sus hijos pasan o no pasan por estas etapas formará la base para el desarrollo de su futuro:

1. La habilidad de confiar

Aprender a confiar o a desconfiar es algo que adquirimos durante los primeros años. La experiencia de un amor sin condiciones, de un amor en el que podemos confiar, forma la base para aprender a perdonar, a ser generosos, a amar sin egoísmo.

2. La moralidad no tradicional

Las reglas se cumplen solo para evitar el castigo y no por respeto a la moralidad o a la autoridad. Algunas acciones satisfacen ciertas necesidades, por ejemplo, la necesidad de ser aceptados o recompensados.

3. La moralidad tradicional

EL niño empieza a desarrollar la lealtad al grupo, a la familia o a la escuela. Mientras se desarrollan estas relaciones y se forman nuevas, se piensa que el comportamiento correcto es importante para ser aprobado y aceptado por estos grupos.

4. La preadolescencia

Los pensamientos religiosos empiezan a desarrollarse y empezamos a aprender a ser quienes somos y a tomar decisiones más personales sin importar tanto si tenemos o no la aprobación del grupo o de la familia. Este bosquejo indica claramente que hay ciertos límites a lo que podemos enseñarle a un niño. Esto confirma un refrán que dice: "La fe se entrega, no se enseña".

La fe no es solo saber cosas acerca de Dios, sino es conocer a Dios de una manera personal. En la vida, desde que nacemos, mucho antes de tener una educación "formal", aprendemos sobre el amor por medio de otras personas. Los niños nacen con sentimientos y si descartamos los aspectos emotivos de la fe, entonces cometemos un error muy serio. Aquí tienen unos puntos para comunicar la fe de una manera práctica y realista. Sus hijos podrán seguir desarrollando esto a lo largo de su vida:

- Es importante que sus hijos aprendan a dar y a recibir amor, que desarrollen la confianza y que puedan buscar consuelo.
- Traten de compartir lo que es más significativo para sus hijos en su relación de amor con Dios.
- Preparamos la base sólida para el desarrollo de la fe al compartir las oraciones antes y después de las comidas, la preparación y la celebración de épocas importantes (el Adviento, la Cuaresma) y las oraciones que son una manera sencilla de demostrar la confianza en Dios, quien es amoroso, fiel y digno de confianza.

La Biblia, tanto en el Antiguo como en el Nuevo Testamento, contiene la historia de la relación de Dios con la humanidad. Esta historia se cuenta en forma de cuento, parábola, hecho histórico, poesía y en profecía; pero hay algo muy claro de principio a fin: Dios busca constantemente la reconciliación con la humanidad.

Al principio

Esta historia de nuestra relación con Dios comienza con la ruptura de la unión que la humanidad tenía con su Creador. A esta ruptura con Dios le sigue inmediatamente una división, un desacuerdo y un asesinato como nos muestra la historia de Caín y Abel.

Desde ese momento se desarrolla la historia en la que Dios está constantemente amando y perdonando a su Pueblo. Incluso en el Antiguo Testamento, con sus muchos relatos de venganza, sangre, matanzas y celos, Dios es un Dios de perdón y absolución. Sin embargo, una y otra vez leemos sobre hombres y mujeres que no podían o no querían aceptar este don del perdón y la reconciliación. A menudo se rehúsan a reconciliarse con su Padre celestial. De vez en cuando se acercan a él llenos de temor, desesperados, en momentos de fervor religioso, para solo volver a separarse nuevamente cuando encuentran tentaciones, algunos retos o la presión de los que no creen.

La paciencia de Dios

Los hombres y las mujeres, sin poder reconocer o comprender por completo a un Dios que está totalmente comprometido con él, que sana, que ama y que comprende sin límites, no pudieron captar lo que significaba tener una relación íntima y amorosa con Dios, a pesar de lo que su historia y experiencias les enseñaban. Pero como Dios no es como los hombres, él no busca la venganza. Todo lo que pide es que las personas vuelvan a él.

El Antiguo Testamento es un registro de la experiencia de un Pueblo, de su conocimiento propio y del conocimiento de Dios. Es una parte importante de la experiencia de la humanidad, porque nos demuestra una y otra vez cómo Dios se revela en las experiencias ordinarias de nuestra vida. Pero el Antiguo Testamento estaba incompleto porque el Dios del Antiguo Testamento permanecía, en cierto sentido, muy lejos.

Jesús es el modelo

La venida de Jesús trajo la experiencia que la humanidad había tenido de Dios a la vida diaria. Jesucristo nos dijo y nos enseñó lo que es estar unido a su Padre. Jesucristo volvió a entablar esa unidad y amistad íntima con Dios que fue rechazada al principio por la humanidad.

"¡Yo te he formado (...), yo no te olvido! He disipado como una nube tus rebeldías, como un nublado tus pecados. ¡Vuélvete a mí, pues te he rescatado!" *Isaías 44,21–22.*